AF198104

Tina Seger

In den Gärten der Zeit

Gedichte

www.tredition.de

© 2019 Tina Seger

Verlag und Druck: tredition GmbH, Halenreie 40-44, 22359 Hamburg

ISBN
Paperback: 978-3-7497-2443-7
Hardcover: 978-3-7497-2444-4
e-Book: 978-3-7497-2445-1

Inhaltsverzeichnis

Das Meer der weißen Sehnsucht

Am Meer schäumt

weiße Sehnsucht

in Liedern

an mein Land

Spült mit grünen Wellen

silbernes Vergessen

in den Sand

Warmes Licht

hebt weiche Brandung

in Trommeln

an meine Küste

Schlägt

mit salzigen Flügeln

buntes Träumen

in die Wüste

Freude

Die Freude

wirft Berge und Hügel

auf mein Gesicht

trägt ein Gebirge

durch den Tag

Im Land des Lächelns

wohnt auf einem Gipfel

mein Mund

hebt ein Lied

in den Wind

Mit Lichtgesang

fliegen weiße Vögel

in die Welt

tragen im Schnabel

den Friedensgruß

Morgengedicht

Am Morgen
löst das Licht
sein langes Haar

Leuchtend
schmiegt es sich
an die Erde

Trägt
das letzte Dunkel
der Nacht weg

Auf blauen Flügeln
hebt sich atmend
ein Stück Himmel empor

Breitet den Gesang
des Erwachenden
über die Landschaft

Sommerfrieden

Ein Mückenlied
trägt die Wiese
im Bauch
durch Grünhalm
späht der Wind

Feine Spinnwebstille
hüllt mich ein
im Silberfaden
hängt ein Stück
Sommerfrieden

Laubgesang

Die Bäume

schicken

ihre Blätter

auf große Reise

Eingepackt

vom Wind der Zeiten

segeln sie

in bunten Briefumschlägen

durch welke Luft

Gelesen

von Menschenherzen

gereift in den

letzten Fruchtgärten

der Tage

Wintergedicht

In kleinen Umarmungen

legt sich

der Schnee

auf den

starren Körper

der Erde

Die Bäume hängen

weiße Bänder in ihre Zweige

und im Wind tönen Eiszapfen

in gläsernen Glocken

die Melodie des Winters

über die Landschaft

Eingehüllt

von diesem Frieden

spüren wir in uns Wärme

die sich mit

jedem Atemzug

nach draußen haucht

In den Gärten der Zeit

Federleichte Zeit
treibt durch
weiße Gärten
weiß um alles werden
um werden
und vergehen

Leichte Federzeit
hängt im Zeitgefieder
Zeit vergeht im Flug
singt in Gärten
weit und weiß

Erwacht

Dem Schlaf
entsprungen
in den Schoß
der Welt

Gedankentropfen
hingen
wie süße Früchte
am Himmelszelt

Der Regen
bringt Wandlung
feuchtet schwer
das Land

In der Tiefe
wächst das Leben
treibt die Früchte
durch die Wand

Dein Lächeln

Dein Lächeln

ist gespannt

wie ein Lichtbogen

über den Tag

Es strahlt mich

hell an

mit jeder beginnenden

Freundlichkeit

Dort sitzt

Dein Rotkehlchen auf dem Baum

der in roten Blättern steht

und singt mir zu

Ich lächle zurück

mit diesem

kleinen Sonnenaufgang

in mir

Melodie des Lebens

Die Melodie

des Lebens

weht leise

mit dem Wind

Sie spielt

auf ihre Weise

mit der Seele

wie ein Kind

Ihre kleine

Stimme

findet

hellen Raum

Sie erblüht in uns

zur Sonne

und erwacht

zum Lebensbaum

Afrika

Im Wolkenweiß
hängt der Himmel
zwischen den Welten

Ein Schlangengrün
umwindet die Zweige
der Schirmakazien

Mit Massairot
duckt Erdhaar um Erdhaar
in der Steppe

Über Erdenbraun
brüllt der Wind
sein Kriegsgeschrei

Auf Marablau
trägt der Fluss
die Gezeiten ans Ufer

Die Flamingos - Lake Nakuru

Auf lange Stiele gedreht

über kleine Schirme gespannt

erwacht der See

unter einem Dach

aus Flamingos

Die frühe Hitze

zieht die Luft

zu goldenen Fäden

webt sie in das Gefieder

der Landschaft

Die Sonne taucht

in früher Gestalt

nach warmen Farben

schmiegt sich in luftiger Eleganz

zum Notenschlüssel

Ein warmer Ton hebt

afrikanische Erde

in Schwärme von singenden Vögeln

unter den leuchtenden Himmel

der vielen Körper

Rote Erde - Amerika

Die Gedanken

schreiben

mit roter Farbe

roten Gesang

durch die Luft

Ein rotes Lachen

reitet

auf rotem Wildpferd

in den

Abendhimmel

Der Wind

trägt

mit roter Hand

roten Duft

über die Böden

Ein rotes Atmen

steckt

rote Äste

an das Erdhaupt

In roten Liedern

tanzt

mit roten Sonnen

rot und rund

das weite Land

Vollmond

Heute Nacht

hat mich

der Mond geküsst

mit vollen

goldenen Lippen

Heute Nacht

hat er

mich verführt

mich berührt

seine silbernen Zungen

um mich geschlungen

Heute Nacht

hat mich

der Mond geküsst

voll und golden

leuchte ich

An den Ufern der Stille

Das Ufer

sitzt auf

weißen Steinen

über ihm schläft

ein einsamer

Stern

Der Mond

kniet nieder

und legt

ein goldenes Licht

in das

Wasser

Der Wind

steht auf

und wirft

eine blaue Locke

über den

See

Die Insel

liegt an

schwarzen Stränden

vor ihr ankert

das Schiff der

Nacht

Lebenszeit

Das Leben singt
in blauem Wasser
auf den Mühlen
unserer Zeit

Die Zeit fliegt
auf grünen Vögeln
in die Dschungel
unseres Lebens

Bunte Kreise
zieht die Sehnsucht
singt in blau
fliegt in grün
rot in unser Herz

Puls des Lebens

Der Puls des Lebens

klopft Wasserfälle

durch die Zeit

verwandelt die Augenblicke

unseres Daseins

Buntes Wasser

wirft sich weit

strömt die Freude

in grenzenlosen Wellen

über das Land

Ein Vogel

singt Zauberbäume

durch den Himmel

sitzt auf den Ästen

unseres Lächelns

Er baut keine Nester

fliegt weiter

breitet den Zauber

in freien Schwingen

über das Land

Mondmund

Ich tanze

in gläsernen Schuhen

in glänzendem Bogen

tanzt in

meinem Mund

der Mond

Ich fahre

in zerbrechlichen Schiffen

in leisem Zug

fährt in

meinem Atem

das All

Ich singe

in zarten Segeln

in feiner Wiege

singt in

meinem Gesicht

ein großer Stern

Geborgen

Am Horizont
treibt ein Vogel
auf den Wogen
des Himmels

Nimm mich mit
lass mich ein Stück
von der Größe erfahren
die sich über allem
ausbreitet

Deine Hände

Deine Hände
wurzeln tief
in mein Erdreich

Rote Ader
atmen Land
in mein Herz

Du berührst dort
die Knospe
erweckst ihren Duft

Im Dickicht
brüllt der Löwe
ruft durch die Nacht

Ein mutiger Krieger
macht sich auf
seine Finger werfen Pfeile

In meinem Körper

treiben Pfeile

einen blühenden Zweig

Dein Haar

Dein Haar atmet
frei und stolz
wie das Geäst an einem Baum
mit Kastanien raschelt es leise
wilder Gesang
hält es in Zaum

Gespannt aus Lichtergarn
legt es sich
über Deinen Hang
baut in meinem Herzen Nester
wallt sich
mit Fülle lang

Goldfäden
wehen durch meinen Wald
sanft im Windgesang
fliegen mit leichten Flügeln
auf Deiner Mähne
im Sonnenklang

Ader des Lebens

Licht füllt zart

das Gras

wirft sich

über das Land

Ich liege still

und atme

den Hauch

durch meine Hand

Berühre

die Ader des Lebens

mit der Hand

so gibt ein Lichtergitter

der Seele

ein Gewand

Die Zeit

Das Leben
sammelt Zeit
in vielen Tropfen an
sie fällt auf diese Erde
in der sie sich
erfüllen kann

Sie zerrinnt
in sanften Schwingen
unter Himmeln
fein wie Glas
in denen Weisheit atmet
in einem Spiegel las

Der Fluss
zieht weite Bahnen
nährt die Böden dieser Welt
am Ufer unserer Sehnsucht
eine Feder
ins Wasser fällt

Leise Freude

Leise Freude

in mir

spielt das Lied vom Glück

sie trägt mich

auf der Schulter

jeden Tag ein Stück

Leise Freude

auf mir

trägt ein Lächeln

in die Zeit

Türen stehen offen

machen Wege weit

Leise Freude

bei mir

öffnet mir das Ohr

flüstert

in die Sinne

wandert dort durchs Tor

Mondnacht

Wolkensegel

tanzen

über den Himmel

in einem Boot

Das Sonnenruder

gleitet

taucht unter

ins Abendrot

Vögel singen Kreise

rufen

die Sterne

zur Ruh

Der Mond

steigt auf

und leise

deckt er alles zu

Die Nacht

Durch Gassen
schleicht in Dunkelheit
die Nacht umher
mit schwarzem Kleid

Ihr Finsterauge
starrt farblos am Weg
nur Mondenlicht
wohnt einsam am Steg

Ihre Samtpfote
greift sanft alle Sterne
von düsterem Himmel
aus der Ferne

Die Uhr der Nacht
spielt dunkle Lieder
träumt sich schwarz
im Kissen nieder

Die Mohnblume

Wie könnte
man Dich übersehen
Du Wesen
im Turm aus Purpur

Das Feuer
der Sonne
wickelst Du
in warme Zungen

Mit rotem Mund
singst Du
die Wiesen
in den Schlaf

Du wachst
mit greller Farbe
im Bad der Menge
über alle Feldermeere

Lachst Dich

durch alles Farblose

Hohn füllt mit süßlichem Klatsch

die Landschaften

Betäubend

bietest Du Deine

Träume feil

in schwerer Sommerdolde

Frühling

In den warmen Händen

der erwachten Sonne

schmelzen

die letzten Krusten

der Kälte

Die Natur nimmt

ihre Maske

vom Gesicht

und lächelt

Zuerst

verborgen auf

dem Land

dann auch in den Gärten

der Stadt

Auf der Heide

Der Wind
kämmt sich
durch die Blätter
die silbern
mit dem Mondlicht
tanzen

Die Luft
füllt sich
mit Rauschen
und dem Atem
der schlafenden
Landschaft

Äste
wiegen sich
im Wind
knistern ihren Frieden
hoch hinaus
in den Himmel

Augenland

In einer

grünen Wiese

liegt Dein Augenland

die Gräser und die Büschel

sind mir

dort bekannt

Durch das

feuchte Gras

träume ich mich

auf weite Auen

Deinem tiefen Bergsee

werde ich mich anvertrauen

In grünen Booten

treibt Dein Wesen

durch die Zeit

rudert in die Herzen

hält Anker

dort bereit

Die Perlentaucher - Für Janet F.

In die Tiefen

der Gedankenmeere

stoßen wir hinab

zu finden die eine

kostbare

Perle

Wir können

unter Wasser sehen

und halten

unseren Atem an

um Worte zu

bergen

Auf den Meeren

sind unsere Boote

klein

befinden sich

weit

draußen

Die Hoffnung

lässt uns

an Land gehen

um den Menschen

Perlen zu

bringen

Keine Perlen für

Hälse

aber Perlen für

Herzen

MIX

Papier | Fördert
gute Waldnutzung

FSC® C083411

Zeitfracht Medien GmbH
Ferdinand-Jühlke-Straße 7
99095 Erfurt, Deutschland
produktsicherheit@kolibri360.de